INITIATION AUX CIVILISATIONS

LES
GRECS

MANGE, ÉCRIS, HABILLE-TOI ET AMUSE-TOI COMME LES GRECS

JOE FULLMAN

Texte français de Marie-Carole Daigle

Éditions
SCHOLASTIC

Édition publiée par les Éditions Scholastic, 604, rue King Ouest, Toronto (Ontario) M5V 1E1.

5 4 3 2 1   Imprimé en Chine   CP141   10 11 12 13 14

Texte : Joe Fullman
Conception graphique : Lisa Peacock
Direction artistique : Zeta Davies

Catalogage avant publication de Bibliothèque et Archives Canada

Fullman, Joe
Les Grecs / Joe Fullman ;
texte français de Marie-Carole Daigle.

(Initiation aux civilisations)
Traduction de : Ancient Greeks.
Comprend un index.
Pour les 9-12 ans.
ISBN 978-1-4431-0152-3

1. Grèce--Histoire--Ouvrages pour la jeunesse.
2. Grèce--Civilisation--Ouvrages pour la jeunesse.
I. Daigle, Marie-Carole II. Titre. III. Collection: Initiation aux civilisations

DF215.F8514 2010   j938   C2009-905551-1

! UTILISEZ LES CISEAUX AVEC PRUDENCE.

Les mots en **caractères gras** figurent dans le glossaire à la page 30.

Avant d'entreprendre une activité relative à la préparation de nourriture ou à une dégustation, les parents ou les enseignants doivent s'assurer qu'aucun enfant présent n'est allergique aux ingrédients. Dans le cadre d'une salle de classe, la permission écrite des parents peut être nécessaire.

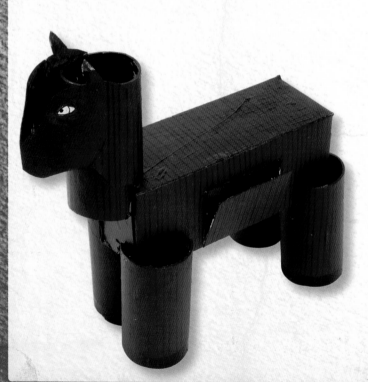

TABLE DES MATIÈRES

LES GRECS DE L'ANTIQUITÉ

Les Grecs de l'Antiquité ont vécu dans une contrée appelée « Grèce », il y a des milliers d'années. La Grèce antique n'était pas un simple **empire** gouverné par un seul et unique dirigeant. Il s'agissait plutôt d'un groupe d'**États** distincts partageant une même langue et une même culture. Au fil du temps, les Grecs ont également fondé des **colonies** dans de nombreux endroits, notamment en Italie, en Espagne, en France, en Turquie et en Afrique du Nord.

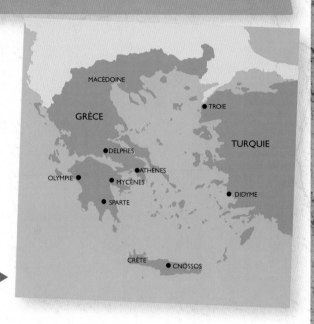

L'empire de la Grèce antique est constitué de plusieurs États distincts, dont celui d'Athènes. ▶

À Didyme, ce temple consacré au dieu grec Apollon est l'une des constructions les plus imposantes de la Grèce antique. ▼

UNE PROVINCE ROMAINE

Les Grecs de l'Antiquité ont été vaincus par les Romains en l'an 146 av. J.-C. La Grèce a alors été intégrée à l'empire romain. Les Grecs n'en ont pas pour autant changé leur mode de vie. Les Romains aiment la culture grecque, si bien qu'ils imitent l'architecture et le mode vestimentaire grecs. Ils ont bon nombre de divinités en commun, qu'ils **vénèrent** après leur avoir donné un nom romain.

UNE GRANDE CIVILISATION

La Grèce antique donne naissance à de nombreux **philosophes**, écrivains, scientifiques et mathématiciens remarquables. Leurs idées continuent d'ailleurs d'être étudiées bien après la disparition de cette civilisation. En fait, on lit encore de nos jours certains auteurs de la Grèce antique, comme Socrate et Platon.

Buste du célèbre philosophe grec Platon ▶

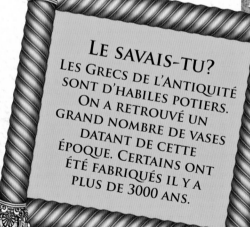

LE SAVAIS-TU?
LES GRECS DE L'ANTIQUITÉ SONT D'HABILES POTIERS. ON A RETROUVÉ UN GRAND NOMBRE DE VASES DATANT DE CETTE ÉPOQUE. CERTAINS ONT ÉTÉ FABRIQUÉS IL Y A PLUS DE 3000 ANS.

Ce vase noir et orange a été fabriqué 600 ans avant notre ère.

FAIS UNE PEINTURE SUR VASE

Des dieux, des héros ou des monstres ornent les vases de la Grèce antique.

IL TE FAUDRA :
CARTON MINCE • BALLON À GONFLER • GOUACHE ET PINCEAU • LANIÈRES DE PAPIER JOURNAL • MÉLANGE DE COLLE BLANCHE (TROIS MESURES DE COLLE BLANCHE POUR UNE MESURE D'EAU) • ÉPINGLE • RUBAN ADHÉSIF • VERNIS

1 Gonfle le ballon. Couvre-le entièrement de deux couches de lanières de papier journal et de mélange de colle blanche. Laisse sécher.

2 Répète l'opération de façon à obtenir huit couches de lanières de papier journal. Une fois le vase sec, fais éclater le ballon à l'aide d'une épingle.

3 Taille quatre bandes de carton mince. Avec du ruban adhésif, fixe une bande à la base et une autre sur la partie supérieure du vase. Sers-toi des deux autres pour les anses.

4 Colle trois couches de lanières de papier journal à la base, de même que sur la partie supérieure et sur les anses. Dispose-les de façon à ce qu'elles se chevauchent.

Tu peux appliquer une couche de vernis sur ton vase pour qu'il soit brillant.

5 Une fois le tout bien sec, peins le vase en rouge et peins la base, le pourtour et les anses en noir. Décore le tout avec le motif de ton choix et laisse sécher.

LES PREMIERS GRECS

C'est dans l'île de Crète que l'on observe la première présence de **civilisation** grecque, environ 6000 ans avant notre ère. La population s'adonne alors à la culture de l'olivier, du raisin et des céréales. Au fil du temps, elle s'enrichit en faisant du **négoce** avec d'autres peuples d'Europe et d'Afrique. Les Grecs vivent alors dans de grandes agglomérations au milieu desquelles se dresse un palais. Le palais grec le plus imposant se trouve à Cnossos. L'**archéologue** qui en a fait la découverte croit qu'il avait été construit par le légendaire roi Minos. C'est pourquoi on a donné le nom de « Minoens » à ses habitants.

Ruines du palais de Cnossos en Crète : les colonnes rouges ont été érigées à notre époque afin que l'on puisse imaginer plus aisément le palais.

LES MYCÉNIENS

Vers l'an 1450 avant J.-C., une éruption volcanique survenue près de la Crète entraîne la disparition de la civilisation minoenne. Par la suite, les Mycéniens de la Grèce continentale deviennent les citoyens les plus puissants du monde grec. L'une de leurs principales colonies se trouve à Mycènes. Cependant, la civilisation mycénienne disparaît elle aussi progressivement aux environs de l'an 1200 avant J.-C.

LE MINOTAURE

Les Grecs racontent beaucoup d'histoires au sujet du Minotaure, un monstre à corps d'homme et à tête de taureau. Le Minotaure vivait en Crète dans un labyrinthe, sorte de dédale inextricable d'où nul ne peut s'échapper. Un jour, un héros grec nommé Thésée pénètre dans le labyrinthe et tue le Minotaure. Afin de retrouver son chemin, il suit le fil de laine qu'il a laissé se dérouler derrière lui.

LE SAVAIS-TU?
ENTRE L'AN 1200 ET 800 AVANT J.-C., LES POPULATIONS GRECQUES SONT MOINS PROSPÈRES QU'AUPARAVANT. ON SAIT TRÈS PEU DE CHOSES SUR CETTE PÉRIODE. C'EST POURQUOI ON LA SURNOMME « SIÈCLES OBSCURS ».

Le Minotaure a un corps d'homme et une tête de taureau.

FABRIQUE UN MASQUE DE MINOTAURE

On trouve maintes représentations du Minotaure dans l'art grec.

IL TE FAUDRA :
CARTON BLANC • CARTON OR • CRAYON À MINE • CISEAUX • GOUACHE ET PINCEAU • PERFORATEUR • 2 BOUTS DE FICELLE DE 30 CM DE LONGUEUR • AGRAFEUSE

Noue la ficelle derrière ta tête : te voilà transformé en Minotaure!

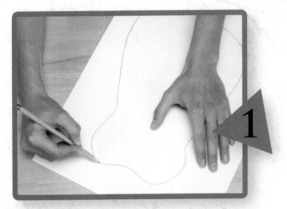

Sur le carton, trace le contour d'une tête de taureau. Assure-toi de la faire un peu plus grande que ton propre visage.

Dessine les yeux et le nez du Minotaure, puis peins toute la face. Découpe le masque en suivant le contour.

Dessine une paire de cornes dans le carton or. Découpe-les et agrafe-les de chaque côté du masque.

Trace les trous par lesquels tu pourras voir et perce-les à l'aide du perforateur.

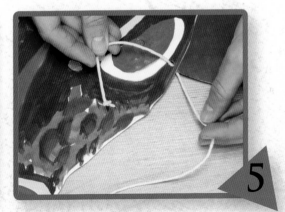

Fais deux petits trous de chaque côté du masque. Enfile un bout de ficelle dans chaque trou. Maintiens le masque en place devant ton visage et fais un nœud avec les deux ficelles.

LA GUERRE DE TROIE

Les légendes grecques parlent d'une guerre qui aurait eu lieu aux environs de l'an 1300 avant J.-C. entre les Grecs de Mycènes et les Troyens de la cité de Troie. Le poète grec Homère raconte cette guerre dans *L'Iliade*. Homère fait intervenir des dieux, des héros et des monstres probablement issus de son imagination. Cependant, les historiens croient qu'il y a effectivement eu une guerre entre les Grecs et les Troyens.

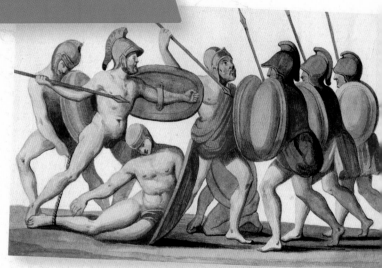

▲ Durant la guerre de Troie, les Grecs et les Troyens se livrent un combat acharné.

CONSTRUIS UN CHEVAL DE TROIE

Les Grecs de l'Antiquité ont construit un cheval sur roues, ce qui leur aurait permis d'entrer dans l'enceinte de la cité de Troie.

IL TE FAUDRA :
1 PETITE BOÎTE DE CRAQUELINS • 5 ROULEAUX EN CARTON • CARTON • CISEAUX • CRAYON À MINE • COLLE • GOUACHE ET PINCEAU • RUBAN ADHÉSIF • CRAYON-FEUTRE • RÈGLE

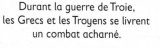

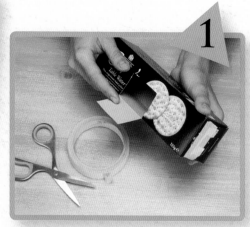

Utilise du ruban adhésif pour maintenir le couvercle de la boîte fermé. Découpe une ouverture sur le côté afin de pouvoir y glisser des objets.

◄ Cette réplique moderne du cheval de Troie se trouve à la porte des ruines de la ville de Troie.

Plie un carton en deux. Trace la tête de ton cheval sur le carton, en prenant soin d'aligner son museau sur le pli. Découpe la forme ainsi obtenue.

LE CHEVAL DE BOIS

Selon la légende, la guerre aurait duré plus de 10 ans. Les Grecs auraient encerclé la ville de Troie, sans pour autant y pénétrer. Un jour, ils font semblant de partir en laissant derrière eux un immense cheval de bois, en guise de cadeau aux Troyens. Pensant la guerre terminée, les Troyens ramènent le cheval dans la cité. Ils ignorent toutefois que des soldats grecs s'y sont cachés. Les soldats Grecs surgissent du ventre du cheval et s'emparent de la ville.

LA VÉRITABLE VILLE DE TROIE

Après sa destruction, la ville de Troie est désertée et laissée à l'abandon; elle se recouvre progressivement de terre. Pendant très longtemps, personne ne sait où se trouve la ville de Troie. Au XIXe siècle, cependant, l'archéologue allemand Heinrich Schliemann découvre, dans le Nord de la Turquie, des vestiges qui correspondent selon lui à cette ville.

Découpe un bout de la partie supérieure de chacun de tes 5 rouleaux en carton.

Colle 4 des rouleaux sous la boîte pour faire des pattes et fixe le dernier sur le dessus de la boîte pour faire un cou.

Tu peux glisser divers objets – par exemple des pièces de monnaie – à l'intérieur de ton cheval de bois.

Fixe la tête du cheval à son cou. Peins le cheval en brun, puis trace des lignes au crayon-feutre pour imiter les planches de bois.

9

LE MONDE GREC

À partir du VIIIᵉ siècle avant notre ère, les Grecs deviennent de plus en plus puissants. Ils établissent de vastes colonies sur le continent grec, notamment à Athènes, Sparte et Corinthe. Ces villes constituent ce que l'on appelle des **cités**, car chacune a son propre dirigeant et agit de façon entièrement autonome. Les Grecs créent également de nouvelles colonies outre-mer.

FAIRE LA GUERRE

Les cités se font souvent la guerre. Cependant, il leur arrive de s'allier pour combattre un ennemi commun, comme l'**empire perse**. Les soldats grecs portent casque et armure, et transportent un bouclier. Au combat, ils se servent surtout d'épées et de longues lances dotées d'une pointe métallique acérée. Les Grecs font également usage de catapultes et de béliers.

On appelle « hoplites » les fantassins de l'Antiquité grecque. Ils portent un casque orné de plumes sur le dessus.

ALEXANDRE LE GRAND

En l'an 336 avant notre ère, Alexandre le Grand devient chef de la Macédoine, un royaume de la Grèce antique. Peu de temps après, il dirige une armée de soldats provenant de toutes les cités pour combattre l'empire perse, le plus puissant ennemi des Grecs. Après avoir vaincu les Perses, il crée un immense empire s'étirant de la Grèce jusqu'aux confins de l'Inde.

LE SAVAIS-TU?

ALEXANDRE LE GRAND FONDE PLUS DE 70 CITÉS, AUXQUELLES IL DONNE GÉNÉRALEMENT SON NOM. C'EST NOTAMMENT LE CAS DE LA VILLE ÉGYPTIENNE D'ALEXANDRIE, QUI EXISTE ENCORE DE NOS JOURS.

Fondée par Alexandre le Grand en 332 avant notre ère, Alexandrie devient l'une des plus grandes cités de la Grèce antique.

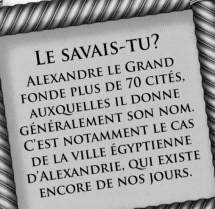

FABRIQUE UN CASQUE DE SOLDAT GREC

Les soldats grecs portent un casque en bronze orné d'un plumet de couleurs vives, généralement fabriqué avec des plumes ou des poils colorés.

IL TE FAUDRA :
BALLON À GONFLER • LANIÈRES DE PAPIER JOURNAL • MÉLANGE DE COLLE BLANCHE (TROIS MESURES DE COLLE BLANCHE POUR UNE MESURE D'EAU) • ÉPINGLE • CISEAUX • CARTON MINCE DE 20 X 30 CM • GOUACHE ET PINCEAU • CRAYON-FEUTRE • COLLE • RÈGLE

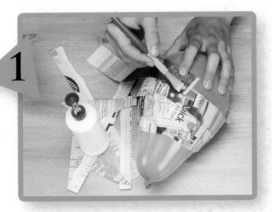

1

Gonfle le ballon jusqu'à ce qu'il soit un peu plus gros que ta tête. Recouvre les trois quarts du ballon de lanières de papier journal et du mélange de colle.

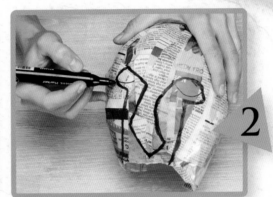

2

Laisse le tout sécher, puis fais éclater le ballon. Trace un protège-nez et des ouvertures pour les yeux sur ton casque. Découpes-en soigneusement le pourtour.

3

Plie le morceau de carton en deux, dans le sens de la longueur. Fais ensuite un deuxième pli à environ 1,5 cm du premier.

4

Dans ce même carton, découpe des lanières de 1,5 cm de large jusqu'au deuxième pli. Tu crées ainsi le plumet de ton casque.

5

Peins le casque et le plumet. Une fois le tout bien sec, fixe le plumet sur le dessus du casque avec un peu de colle.

Ton masque est prêt. Si tu le souhaites, fabrique diverses variantes de plumet, par exemple en utilisant différentes couleurs de gouache ou de petites plumes. ▶

11

ATHÈNES

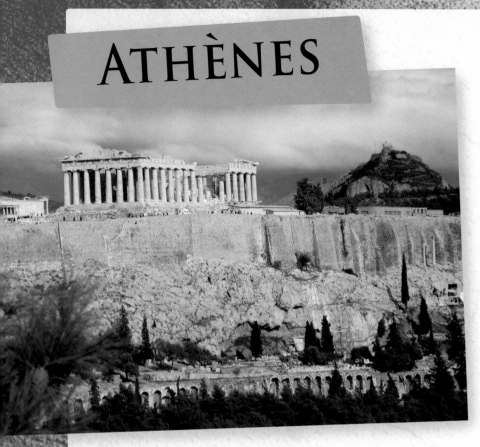

Au Ve siècle avant notre ère, Athènes devient la plus grande et la plus puissante de toutes les cités de Grèce. Aujourd'hui encore, c'est la plus grande ville du pays. Les premiers habitants s'installent en haut d'une colline pour mieux se défendre. Cette première colonie forme ce qu'on appelle l'« Acropole », mot signifiant « la ville sur la colline ». Elle est entourée de hautes murailles. Au fur et à mesure que la cité grandit et que ses citoyens se sentent davantage en sécurité, ceux-ci s'installent sur les terres en contrebas. Les maisons occupant le haut de la colline sont alors remplacées par des **temples** et édifices d'importance.

◄ Le Parthénon a été construit il y a 2500 ans. Malgré les dommages subis au fil du temps, la plupart de ses colonnes sont encore en place.

LE PARTHÉNON

Le Parthénon est le plus grand et le plus important de tous les temples athéniens. Il est érigé au sommet de l'Acropole et dédié à la déesse Athéna, d'où la ville d'Athènes tire son nom. Une grande partie du temple existe encore aujourd'hui, bien qu'il ait été construit au Ve siècle avant notre ère.

BÂTIS UN TEMPLE GREC

Les Grecs ont une façon bien à eux de construire des temples, agrémentés de colonnades et de frises. Sculptées, les frises permettent de raconter une histoire.

IL TE FAUDRA :
10 ROULEAUX EN CARTON D'ENVIRON 15 CM DE LONGUEUR • CARTON BLANC • CISEAUX • CRAYON À MINE • RÈGLE • GOUACHE ET PINCEAUX • COLLE • PETIT MORCEAU DE CARTON DE 8 X 21 CM • 2 MORCEAUX MOYENS DE CARTON DE 20 X 30 CM • 1 GROS MORCEAU DE CARTON DE 30 X 30 CM

Peins en blanc les rouleaux en carton.

Colle les rouleaux sur l'un des cartons de format moyen. Fixe le deuxième carton de format moyen par-dessus.

ATHÉNA

Athéna est la fille de Zeus, le roi des dieux grecs. Déesse de la guerre et de la sagesse, elle porte généralement une armure de même qu'une lance et un bouclier. On voit souvent un hibou, symbole de sagesse, à ses côtés.

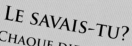

LE SAVAIS-TU?

CHAQUE DIEU GREC DISPOSE DE SON TEMPLE. UNE STATUE DU DIEU EN QUESTION SE TROUVE À L'INTÉRIEUR. ON CROIT QUE LE DIEU VIT DANS LA STATUE.

◄ Une immense statue en or et en ivoire d'Athéna se dressait autrefois à l'intérieur du Parthénon.

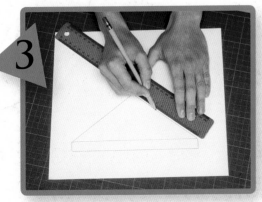

Sur le petit carton, trace deux triangles que tu transformeras en frises. Assure-toi d'ajouter une bordure de 1,5 cm sur le pourtour des deux triangles.

Sur les triangles, dessine les éléments de ton histoire, puis replie la bordure de chacun des trois côtés.

Colle une frise à chaque extrémité du temple. Plie le gros carton pour faire le toit et colle-le sur les bordures des frises.

La plupart des temples sont de couleur pâle et surmontés d'une frise relatant l'histoire de divinités. ►

LA DÉCISION DU PEUPLE

À leurs débuts, les cités sont dirigées par quelques riches propriétaires terriens, appelés **tyrans**. Ceux-ci habitent dans de vastes demeures ornées de **fresques** et ils prennent toutes les décisions concernant la cité. La plupart des citoyens sont pauvres : ils logent dans de modestes maisons et travaillent aux champs. Ils n'ont pas leur mot à dire quant à la façon dont leur ville est gouvernée.

LA DÉMOCRATIE

À Athènes, les pauvres en ont assez de voir les riches prendre toutes les décisions. En l'an 508 avant notre ère, ils expulsent les tyrans et créent un nouveau mode de gouvernement appelé « **démocratie** », ce qui signifie « le pouvoir du peuple ». Lors des grands rassemblements, appelés « assemblées », les participants prennent les décisions liées à la cité, et tout **homme libre** a le droit d'y participer.

Cette peinture moderne donne une idée de l'agora (ou « lieu de rassemblement ») d'Athènes dans l'Antiquité.

Briséis, épouse d'un roi troyen, est capturée lors d'un combat et devient une esclave au service du guerrier grec Achille.

L'ESCLAVAGE

À l'époque de l'Antiquité, Athènes compte un grand nombre d'**esclaves**. Les esclaves sont souvent des prisonniers de guerre capturés lors d'une bataille. Il s'agit également de personnes trop pauvres pour s'acquitter de leurs dettes. Les esclaves exécutent diverse tâches ménagères chez les riches, en plus de travailler dans les champs ou dans les mines. Ils n'ont aucun droit et ne peuvent pas voter.

DESSINE UNE FRESQUE

La maison des gens riches est souvent décorée d'un type de peinture appelée « fresque ». On produit une fresque en peignant sur du plâtre frais.

Une fresque de dauphins décore les murs de la reine dans le palais de Cnossos, en Crète.

1 Le couvercle de boîte à chaussures te servira de support. Peins-le entièrement en noir et laisse-le sécher.

2 Verse un peu d'eau sur le plâtre de Paris afin d'obtenir une texture lisse.

3 Verse le plâtre dans le couvercle. Lorsqu'il commence à durcir, peins quelques éléments décoratifs autour du cadre.

4 Ajoute ensuite les éléments principaux, comme des poissons et des dauphins.

Tu peux accrocher ta fresque inspirée de la Grèce antique à un mur ou la déposer sur une étagère.

15

DIVINITÉS ET RELIGION

Les Grecs de l'Antiquité vénèrent de nombreux dieux. Ils croient que ceux-ci décident de tout. Dans la mythologie grecque, les dieux ont souvent des comportements humains : ils discutent, se battent, éprouvent des sentiments amoureux et ont des enfants. On dit que le roi des dieux, Zeus, a autorité sur tous les autres dieux, qu'il commande de son palais situé sur le mont Olympe.

Le roi des dieux grecs, Zeus, figure souvent sur la monnaie grecque. ▶

LES TEMPLES

Les Grecs bâtissent de grands temples en pierre en hommage à leurs dieux. C'est dans ces lieux que le peuple se rend pour vénérer les dieux et leur porter diverses offrandes comme de la nourriture destinée à susciter leur clémence. Il arrive également que les Grecs offrent des animaux en sacrifice à leurs dieux. Ils croient qu'ainsi les dieux veilleront à ce qu'ils ne manquent pas de nourriture et les aideront à vaincre au combat.

▲

La cité de Delphes compte deux temples : ce petit temple dédié à Athéna, qui se dresse à l'entrée de la cité, et un autre beaucoup plus imposant consacré à Apollon.

LES ORACLES

Les Grecs s'attendent à ce que leurs dieux leur prédisent l'avenir. Dans la ville de Delphes, un temple consacré à Apollon, dieu de la **divination** a été érigé. Les dirigeants grecs se rendent donc à Delphes afin d'interroger une prêtresse (appelée « oracle ») sur leur avenir. La réponse de cette prêtresse est généralement un message plus ou moins vague pouvant être interprété d'une multitude de façons.

LE SAVAIS-TU?
LES GRECS CROIENT ÉGALEMENT EN L'EXISTENCE DE CERTAINES CRÉATURES MYTHOLOGIQUES COMME LE CENTAURE, MOITIÉ HOMME, MOITIÉ CHEVAL.

16

Voici une statue de griffon, animal fabuleux à corps de lion avec tête et ailes d'aigle.

◄

Colorie ta créature avec des crayons de couleur. Invente un animal aussi étrange et fabuleux que possible.

►

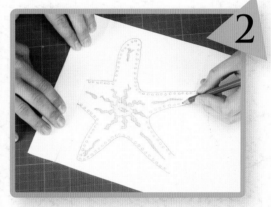

IL TE FAUDRA :
FEUILLE DE PAPIER • CRAYON À MINE • DEUX AMIS • CRAYONS DE COULEUR

INVENTE UNE CRÉATURE MYTHOLOGIQUE

Les Grecs racontent beaucoup d'histoires mettant en vedette des êtres fabuleux. Ces créatures empruntent généralement les traits de divers animaux.

1 Dessine la tête de ta créature dans la partie supérieure de la feuille. Replie la feuille et trace deux petits repères près du pli afin que l'on sache où commencer le corps.

2 Demande à un ami de dessiner un corps et des bras. Ensuite, replie la feuille et trace deux petits repères près du pli afin que l'on sache où commencer les jambes.

3 Demande à l'autre ami de dessiner les jambes.

4 Déplie ensuite la feuille pour découvrir la créature mythologique que vous avez créée.

FESTIVITÉS ET CULTURE

Les Grecs organisent de nombreux **festivals** comprenant musique et danse en l'honneur de leurs dieux. On sacrifie un grand nombre d'animaux lors de ces fêtes, dont on fait ensuite un grand festin. Il y a aussi des tournois sportifs. Les sports occupent une place très importante dans la société de l'Antiquité grecque. Ils apprennent la lutte, mais aussi à conduire un char et à lancer le javelot.

Gravé aux environs de l'an 500 avant notre ère, ce **relief** montre des athlètes grecs en train de jouer au ballon.

LES LOISIRS

Chez les riches, toute besogne un peu difficile est confiée à un esclave. Ces riches personnages disposent donc de beaucoup de temps libre. Ils aiment particulièrement la danse, les jeux de société et la musique. Ils jouent de la flûte, de la flûte de Pan et de la harpe.

LE SAVAIS-TU?
L'ENTRÉE AU THÉÂTRE EST GÉNÉRALEMENT GRATUITE : TOUT LE MONDE PEUT ASSISTER AU SPECTACLE. LES CITOYENS RICHES ET LES POLITICIENS PAIENT LA TROUPE POUR ACCROÎTRE LEUR POPULARITÉ AUPRÈS DU PUBLIC.

LE THÉÂTRE

Toute ville grecque est dotée d'une salle de spectacles où l'on présente des pièces de théâtre. Comme les femmes n'ont pas le droit de jouer au théâtre, les rôles féminins sont tenus par des hommes. Souvent, ils portent des masques affichant une variété de sentiments et d'états d'esprit. Bon nombre de **dramaturges** célèbres, comme Euripide et Sophocle, nous viennent de l'Antiquité grecque.

Les théâtres grecs ressemblent aux stades d'aujourd'hui : les gens prennent place dans des gradins entourant une scène en demi-lune.

FABRIQUE UN MASQUE THÉÂTRAL GREC

Dans l'Antiquité grecque, les comédiens portent des masques pour que l'on saisisse la pensée de leur personnage de théâtre. Certains masques ont l'air joyeux, d'autres ont l'air en colère.

◀ Les masques utilisés dans les comédies affichent un large sourire.

IL TE FAUDRA :
BALLON À GONFLER • LANIÈRES DE PAPIER JOURNAL • MÉLANGE DE COLLE BLANCHE (TROIS MESURES DE COLLE BLANCHE POUR UNE MESURE D'EAU) • CISEAUX • GOUACHE ET PINCEAU • PERFORATEUR • FICELLE • ÉPINGLE

1

Gonfle le ballon jusqu'à ce qu'il soit aussi grand que ta tête. Couvre le devant de lanières de papier journal et de mélange de colle blanche.

2

Applique plusieurs couches de lanières de papier journal et laisse le tout sécher. Fais éclater le ballon, puis retire les débris.

3

Peins le masque, puis laisse-le sécher. Dessine ensuite des traits d'expression sur le visage : sourire, colère ou tristesse.

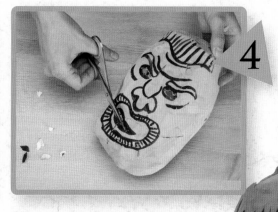

4

Découpe soigneusement des ouvertures pour les yeux et la bouche.

Porte le masque en l'attachant derrière ta tête. Tu peux fabriquer plusieurs masques d'expressions différentes, puis monter une pièce avec tes amis. ▶

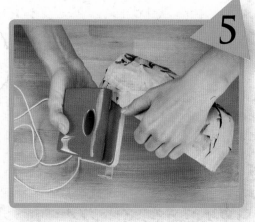

5

Fais un trou de chaque côté du masque. Enfile une ficelle dans les deux trous et fixe-les en faisant un nœud.

LES JEUX OLYMPIQUES

Les Grecs de l'Antiquité organisent de nombreux festivals, le plus important d'entre tous étant les Jeux olympiques. Ils ont lieu tous les quatre ans dans la ville d'Olympie, en l'honneur du dieu Zeus. Des **athlètes** venus des quatre coins de l'empire grec y participent. Les cités en guerre acceptent même d'observer une trêve le temps des épreuves, permettant ainsi aux athlètes de se déplacer en toute sécurité.

◄ Le lancer de javelot figure parmi les sports pratiqués dans la Grèce antique. Il fait encore partie des disciplines retenues aux Jeux olympiques de nos jours.

UNE GRANDE DIVERSITÉ DE SPORTS

Aux Jeux olympiques de l'Antiquité, les athlètes concourent dans diverses disciplines sportives, dont la course, le lancer du disque et du javelot, la lutte et la boxe. Les athlètes d'aujourd'hui pratiquent encore les mêmes sports, auxquels s'en sont ajoutés de nouveaux, comme le cyclisme, le basket-ball et le tennis. Depuis 1924, on organise aussi des Jeux olympiques d'hiver.

> **LE SAVAIS-TU?**
> DANS LA GRÈCE ANTIQUE, LES ATHLÈTES QUI PARTICIPENT AUX JEUX OLYMPIQUES SONT ENTIÈREMENT NUS.

◄ Aux Jeux olympiques de 2004, qui se sont déroulés à Athènes, les gagnants ont reçu une couronne d'olivier, tout comme les athlètes de l'Antiquité.

LES JEUX OLYMPIQUES MODERNES

Les premiers Jeux olympiques de l'Antiquité ont eu lieu en l'an 776 avant notre ère, et les derniers, en l'an 393 de notre ère, soit plus d'un millénaire plus tard, à l'époque des Romains. En 1896, le baron français Pierre de Coubertin qui s'intéresse aux jeux de l'Antiquité décide d'organiser une compétition à Athènes. Depuis, on organise des Jeux olympiques dans une grande ville du monde tous les quatre ans.

FABRIQUE UNE COURONNE D'OLIVIER

IL TE FAUDRA :
PAPIER VERT • CARTON VERT PÂLE ET VERT FONCÉ • CISEAUX • CRAYON À MINE • AGRAFEUSE • COLLE

Au lieu de gagner une médaille d'or, les athlètes victorieux aux Jeux de l'Antiquité reçoivent une couronne de feuillage, généralement faite de branches d'olivier.

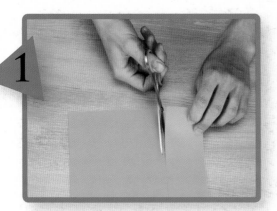

Taille une longue lanière de papier vert de 5 x 70 cm.

Plie la lanière en deux, dans le sens de la longueur, puis forme un cercle en imbriquant les extrémités l'une dans l'autre.

Place le cercle ainsi obtenu sur ta tête et fais glisser les extrémités dans l'ourlet jusqu'à ce que le cercle tienne bien en place sur ta tête. Agrafe les deux extrémités ensemble.

Sur le carton, dessine 30 feuilles et découpe-les. Elles devraient mesurer environ 6 cm de largeur sur 12 cm de longueur.

Plie chaque feuille en deux et colle la partie du bas sur le pourtour intérieur du bandeau.

Organise une course et remets ta couronne olympique au gagnant. ▶

LE FOYER, LES FEMMES ET LES ENFANTS

À l'époque de la Grèce antique, il existe divers types d'habitations. Les gens du peuple habitent de petites maisons sans confort. Les citoyens fortunés ont de grandes résidences ornées de mosaïques, c'est-à-dire des motifs composés d'une multitude de petits morceaux de pierre colorés. En ville, les maisons possèdent une cour ou un jardin intérieur. Les murs, faits de brique crue, de pierre ou de bois, sont couverts de plâtre et peints en blanc afin de repousser la chaleur du soleil.

◄ Plancher en mosaïque d'une maison située dans l'île grecque de Délos. Seules les familles très nanties pouvaient s'offrir des sols en mosaïque.

FABRIQUE UN YOYO À LA GRECQUE

Les illustrations de l'Antiquité montrent parfois des enfants grecs en train de jouer au yoyo, ce qui a amené de nombreux historiens à croire que ce jouet a été inventé en Grèce.

◄ Cette illustration remontant à l'an 500 avant notre ère représenterait un jeune en train de jouer au yoyo.

IL TE FAUDRA :
ARGILE À MODELER SANS CUISSON • OUTIL À MODELER • PETIT BÂTON • 1 M DE FICELLE • COUTEAU DE PRÉCISION

1

Façonne une boulette d'argile. Sur une surface plate, presse la boulette de manière à obtenir un disque de 4 cm d'épaisseur.

4

Demande à un adulte de faire un trou au centre de chaque disque. Insère le bâton dans l'un des trous.

22

LES FEMMES

Les femmes de la Grèce antique ont peu de droits. Elles n'ont pas le droit de voter et seulement quelques-unes peuvent travailler. À son mariage, la femme doit donner tout ce qu'elle possède, y compris son argent, à son mari. Le rôle des femmes est de prendre soin des enfants et de la maison.

◄ Une femme au travail, assise à une table dans la Grèce antique.

LES ENFANTS

Dans l'Antiquité grecque, le père décide de la vie ou de la mort de son enfant à sa naissance. Si le bébé semble trop faible ou si la famille est démunie, il arrive qu'on abandonne l'enfant ou qu'on le vende comme esclave. Les garçons vont à l'école à partir de sept ans, mais les filles restent à la maison.

2 À l'aide de l'outil à modeler, coupe soigneusement le disque obtenu en deux parties égales d'environ 2 cm d'épaisseur.

3 Demande à un adulte de couper un morceau de bâton de 5 cm de longueur.

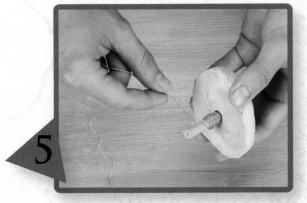

5 Enroule la ficelle autour de la partie visible du bâton. Glisse le deuxième disque sur le bâton.

Pose une petite boule d'argile à chaque extrémité du bâton afin de maintenir les disques en place. Et c'est parti mon yoyo! ▶

AGRICULTURE ET ALIMENTATION

La Grèce est un pays montagneux au climat chaud et sec. La pluie s'y fait rare, et le sol est pauvre, si bien qu'il faut renoncer à certaines cultures. La situation contraint de nombreux Grecs à s'installer à l'étranger afin d'y former de nouvelles colonies – en Italie, par exemple. Ainsi, lorsque la récolte est mauvaise en Grèce, on peut quand même nourrir la population en achetant la nourriture des colonies.

L'ALIMENTATION

Comme la plupart des colonies grecques se trouvent près des côtes, les Grecs consomment beaucoup de poissons et la viande figure moins souvent à table. Les Grecs sont aussi friands d'olives, cultivées d'un bout à l'autre du pays. Ils se nourrissent également de miel, d'huile d'olive et de pain fait de blé ou d'orge. Enfin, ils élèvent des chèvres et des poules, qui leur fournissent du lait et des œufs.

▲

Ce vase, qui date de l'an 500 avant notre ère, montre des ouvriers agricoles au champ. Des bœufs tirent leur charrue.

LE SAVAIS-TU?
EN GÉNÉRAL, LES GRECS CUISINENT EN PLEIN AIR POUR ÉVITER QUE LES ODEURS DE CUISSON NE S'IMPRÈGNENT DANS LEUR MAISON.

L'amphore est une immense jarre en argile utilisée pour transporter et entreposer divers liquides, surtout le vin et l'huile d'olive.

▼

Les olives poussent dans un arbre. On les presse pour obtenir de l'huile d'olive, qui sert ensuite à cuisiner et aussi comme combustible pour les lampes.

▼

LES BOISSONS

Le raisin fait partie des rares cultures florissantes dans les collines arides et inondées de soleil de la péninsule grecque. Les Grecs mangent donc du raisin frais et le transforment aussi en vin. Ils versent leur vin dans d'immenses jarres en terre cuite, qu'ils expédient dans d'autres régions de leur empire, et l'échangent aussi avec d'autres peuples.

FAÇONNE UNE AMPHORE MINIATURE

Dans l'Antiquité grecque, on transporte l'huile d'olive dans de grands contenants dotés d'anses de chaque côté, appelés « amphore ».

IL TE FAUDRA :
ARGILE À MODELER SANS CUISSON • PINCEAU • GOUACHE BRUNE

1 Façonne une boule de la taille d'une balle de tennis avec l'argile.

2 Presse la forme obtenue afin de lui donner la forme d'un œuf. Aplatis l'une des extrémités pour faire la base de l'amphore.

3 Avec l'index, forme un orifice à l'autre extrémité. Enfonce ton doigt presque jusqu'au fond.

4 Façonne un rebord sur le pourtour de l'orifice avec tes doigts.

5 Façonne deux petits boudins d'argile. Replie-les en forme de C afin d'obtenir des anses que tu fixeras ensuite à l'amphore.

Peins ton amphore en brun. Une fois sèche, remplis-la du liquide de ton choix.

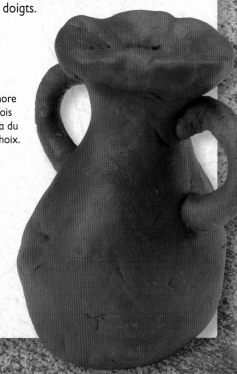

VÊTEMENTS ET BIJOUX

Dans l'Antiquité grecque, la plupart des vêtements sont en laine ou en **lin**. Il arrive que les gens les plus fortunés portent des tenues faites de soie importée de Chine. On colore généralement les vêtements à l'aide de teintures fabriquées à partir de plantes, d'insectes ou d'animaux marins. Les gens du peuple portent des vêtements plus simples et sans couleurs vives.

QUE PORTER?

Hommes et femmes portent des tenues vestimentaires semblables. Le principal élément de la garde-robe est le chiton : une longue robe retenue par des épingles. On porte aussi la **tunique** et la cape. Des miroirs faits de bronze poli permettent aux gens de se voir.

On voit ici Aristote, philosophe de la Grèce antique, portant un chiton et des sandales en cuir.

LE SAVAIS-TU?
DANS L'ANTIQUITÉ GRECQUE, LA PLUPART DES GENS NE PORTENT PAS DE CHAUSSURES SAUF, PARFOIS, DES SANDALES EN CUIR, MAIS UNIQUEMENT LORS D'OCCASIONS SPÉCIALES.

COIFFURES ET BIJOUX

Pour les Grecs de l'Antiquité, la mode est importante. Hommes et femmes prennent grand soin de leur chevelure. Les hommes font souvent boucler leurs cheveux, et les femmes décorent les leurs avec des épingles. Le port de bijoux est aussi très courant. Les citoyens ordinaires se contentent de bijoux en cuivre, mais les gens aisés portent des créations faites d'or, d'argent et de pierres précieuses.

La Grèce antique a de nombreux artisans de grand talent qui créent des bijoux magnifiques comme ces boucles d'oreilles en or.

FAIS TON PROPRE CHITON

Le chiton est un vêtement simple, ample et léger. Ce vêtement permet de ne pas trop souffrir de la chaleur les jours de canicule.

1

Plie le drap en deux, dans le sens de la largeur.

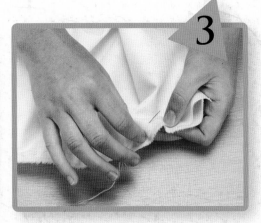

3

Tu peux coudre les côtés ensemble, avec l'aide d'un adulte, en laissant de l'espace pour passer les bras. Cette étape n'est pas indispensable.

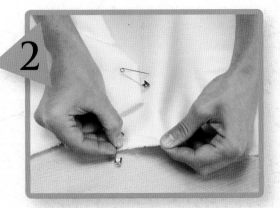

2

Découpe un cercle au milieu du pli pour passer la tête. Fixe une épingle de sûreté à l'emplacement des épaules (deux par côté) si tu veux faire des plis.

4

Enfile le chiton et noue la ficelle autour de ta taille.

Dans l'Antiquité grecque, les travailleurs portent la tunique courte, ce qui les laisse libres de leurs mouvements. Les femmes portent de longs chitons.

Appelée *zoster*, la ceinture se noue autour de la taille ou de la poitrine. ▶

DE GRANDS PENSEURS

La Grèce antique a donné naissance à de grands penseurs. Ils mettent de l'avant de nouvelles façons de concevoir les mathématiques, l'astronomie et la médecine. Leurs idées ont changé le monde de façon irrévocable. Ainsi, l'astronome Aristarque est le premier à constater que la Terre effectue une rotation autour du Soleil. Quant à Pythagore, il produit des formules de calcul encore en usage de nos jours. Enfin, le médecin Hippocrate invente de nombreux traitements qui permettent de sauver des vies.

◀ Cette peinture moderne présente Hippocrate, souvent appelé le « père de la médecine moderne », en train de soigner une patiente.

FABRIQUE UNE PLAQUE D'ENTRÉE GRECQUE

IL TE FAUDRA :
CARTON · GOUACHE ET PINCEAU · CRAYON À MINE · CRAYON-FEUTRE

L'alphabet grec est en usage depuis le VIIIe siècle avant notre ère, ce qui en fait l'un des alphabets les plus vieux au monde.

Couvre le carton de peinture jaune.

Alphabet grec		Alphabet moderne	Alphabet grec		Alphabet moderne
A	α	A	N	ν	N
B	β	B	Ξ	ξ	X
Γ	γ	G	O	o	O
Δ	δ	D	Π	π	P
E	ε	E	P	ρ	R
Z	ζ	Z	Σ	σ	S
H	η	H	T	τ	T
Θ	θ	Th	Y	υ	U
I	ι	I	Φ	φ	Ph
K	κ	K	X	χ	Ch
Λ	λ	L	Ψ	ψ	Ps
M	μ	M	Ω	ω	O

LE SAVAIS-TU?
DE NOS JOURS, LES NOUVEAUX MÉDECINS PRONONCENT UNE VERSION MODERNE DU SERMENT D'HIPPOCRATE, EN VERTU DUQUEL ILS S'ENGAGENT À FAIRE PASSER LA SANTÉ DE LEURS PATIENTS AVANT TOUT.

LES PHILOSOPHES

Dans l'Antiquité grecque, on appelle « philosophes » les penseurs qui ont une forte influence dans la société. Le mot « philosophie » signifie « amour de la sagesse ». Cependant, les philosophes s'intéressent souvent à plus d'un domaine, notamment les sciences, les arts et les mathématiques. Socrate et Platon figurent parmi les philosophes les plus célèbres.

NAVIGATION ET COMMERCE

Les Grecs de l'Antiquité fabriquent des bateaux qui peuvent parcourir de longues distances et transporter de lourdes charges. Ces caractéristiques sont importantes à l'époque, car une bonne partie de la population grecque vit dans des îles. Les Grecs se servent également de formidables navires de guerre, appelées « **trières** ». Propulsée par trois équipes de rameurs, la trière est dotée, à sa proue, d'un éperon qu'on enfonce dans le navire ennemi afin de le faire couler.

Grand philosophe grec, Socrate écrit un hymne après avoir été condamné à mort.

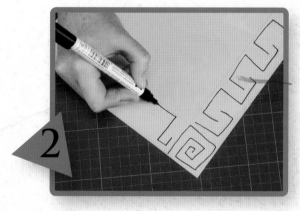

Dessine un motif inspiré de la Grèce antique sur le pourtour de ta plaque.

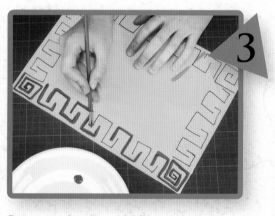

Peins cette bordure de différentes couleurs.

En te servant de l'alphabet grec, écris ton nom à la main. Repasse ensuite par-dessus les traits avec le crayon-feutre ou de la gouache.

Une fois ta plaque terminée, accroche-la à la porte de ta chambre.

GLOSSAIRE

archéologue : Personne qui étudie les civilisations anciennes en cherchant des objets ou ossements dans le sol.

athlète : Personne qui excelle dans les sports.

cité : Ville et terres environnantes qui forment un État autonome.

civilisation : Mode de vie, culture, intérêts artistiques et architecture qu'ont en commun les membres d'un groupe.

colonie : Quand un peuple s'installe dans un territoire ou un pays, ou le soumet à son autorité et l'occupe, on dit qu'il y fonde une colonie.

démocratie : Forme de gouvernement où tous les gens sont égaux et ont droit de vote.

divination : Ce qui est annoncé par ceux qui prétendent connaître l'avenir.

dramaturge : Personne qui écrit des pièces de théâtre.

empire perse : Vaste empire comprenant l'Iran actuel et une petite partie de l'Asie.

empire : Ensemble de pays, États ou nations gouvernés par un même dirigeant appelé « empereur ».

esclave : Personne achetée par une autre et travaillant pour elle sans être payée.

État : Région ou pays qui obéit à un même gouvernement ou dirigeant.

festival : Période de festivités collectives, qui a généralement lieu au même moment chaque année.

fresque : Scène peinte directement sur un mur de plâtre encore frais.

homme libre : Citoyen masculin d'une cité grecque ne faisant pas partie des esclaves.

lin : Tissu fait de fibres provenant d'une plante appelée « lin ».

négoce : Vente et achat de marchandises.

philosophe : Personne qui tente de trouver des réponses aux questions sur des sujets comme la vérité, la justice et le sens de la vie, en faisant valoir des arguments mûrement réfléchis.

relief : Sculpture faite sur un fond dont elle se détache.

temple : Bâtiment consacré au culte.

trière : Navire de guerre des Grecs de l'Antiquité, propulsé par trois rangs de rameurs.

tunique : Vêtement ample et sans manches ressemblant à une longue chemise.

tyran : Dans l'Antiquité grecque, le tyran est un dirigeant qui gouverne sans se soucier de l'opinion de son peuple.

vénérer : Montrer son respect et son amour à un dieu ou à une déesse, notamment en priant.

INDEX

NOTES AUX PARENTS ET AUX ENSEIGNANTS

- Sur Internet et à la bibliothèque, vous trouverez des informations sur les sujets que nous vous suggérons d'explorer avec les enfants.

- Lisez sur la vie et les aventures captivantes des divinités et des héros grecs de l'Antiquité. Invitez les jeunes à monter un arbre généalogique des divinités grecques ou à créer un livret illustrant la légende de leur divinité préférée.

- Informez-vous sur l'histoire des Jeux olympiques de l'Antiquité. Observez les œuvres d'art de l'Antiquité qui illustrent la façon dont les choses se passaient, apprenez à connaître les athlètes célèbres (dont Platon) qui y ont participé et prenez connaissance des règles très rigoureuses appliquées au cours des jeux, notamment celle qui prévoit que l'on fouette tout athlète reconnu coupable de tricherie. Dans l'Antiquité, on écrivait des poèmes en l'honneur des lauréats des Jeux olympiques. Demandez aux enfants de préparer un poème s'adressant à une vedette olympique moderne.

- Faites le récit de la guerre menée au Ve siècle avant notre ère entre les cités de Sparte et d'Athènes. Vous pouvez demander aux enfants d'écrire une saynète racontant un autre épisode de l'histoire de la Grèce, par exemple la guerre de Troie ou la conquête d'Alexandre le Grand.

- Voyez en quoi consistait l'empire grec, au-delà des frontières du pays. Alexandre le Grand fut l'un des plus grands chefs militaires de l'Histoire. Suivez sa progression fulgurante d'un bout à l'autre de l'Europe et de l'Asie, au IVe siècle avant notre ère. Imprimez une carte et demandez aux enfants de repérer et d'identifier les importantes colonies de l'empire grec.

- Nous vous invitons à visiter notre site Internet http://www.scholastic.ca/editions où vous pourrez trouver des ouvrages à l'appui de vos activités et du sujet étudié.